Come Look Up with Me

Ven A Buscar Conmigo

Vicki Gelien Kinsella

Printed in the United States of America
The Troy Book Makers • Troy, New York • thetroybookmakers.com

To order additional copies of this title,
contact your favorite local bookstore
or visit www.shoptbmbooks.com

Paperback ISBN: 978-1-61468-619-4
Hardcover ISBN: 978-1-61468-620-0

Dedication

This book is dedicated to my beautiful grandchildren who inspire me every day. These special people are Liam, Phoebe, Rowan, Maeve, Sonny, Ainsley and our sweet Shane who was taken from us far too early. They have helped me realize the need to take the time to look up and share the magic with someone special.

Dedicación

Este libro está dedicado a mis hermosos nietos que me inspiran todos los días. Estas personas especiales son Liam, Phoebe, Rowan, Maeve, Sonny, Ainsley y nuestro dulce Shane que nos fueron arrebatadas demasiado pronto. Me han ayudado a darme cuenta de la necesidad de tomarse el tiempo para mirar hacia arriba y compartir la magia con alguien especial.

Acknowledgments

This book was inspired by our magical surroundings which are with us every day and the importance of sharing those discoveries with the ones we love. There is magic everywhere. You don't have to board a plane, take a train, or travel anywhere other than walk out your front door and look up. The world is yours to share and by doing this, discovery surrounds you. Come look up with me.

I would like to thank my family and friends for silently watching and encouraging me to "look up".

Much gratitude goes to Barbara Szpak for her dreamy images and artistic eye.

Thank you, Kerry O'Neil for your expertise in transforming these images into illustrations so they can tell my story.

Muchas gracias to Nancy Blatz Tracy, Nancy Strini and Kathleen Ruiz for their Spanish translation.

Agradecimientos

Este libro me inspire en nuestro etorno mágico que nos acompaña todos los días y la importancia de compartir esos descubrimientos con los seres que amos. Hay magia en todas partes. No tiene que abordar un avión, tomar un tren o viajar a ningún otro lugar que no sea salir por la puerta principal y mirar hacia arriba. El mundo es suyo para compartir y al hacer esto, el descubrimiento lo rodea. Ven a buscarme. Me gustaría agradecer a mi familia y amigos por observarme en silencio y animarme a "mirar hacia arriba". Muchas gracias a Barbara Szpak por sus imágenes de ensueño y su ojo artístico.

Gracias, Kerry O'Neil por su experiencia en transformar estas imágenes en ilustraciones para que puedan contar mu historia. Muchas gracias a Nancy Blatz Tracy, Nancy Strini y Kathleen Ruiz por su traducción al español. Mi sueño es que comparta este libro con usted. Nunca debemos cansarnos de compartir, soñar e incluir a todos aquellos que desean ser incluidos.

Welcome

I have come to realize that being a grandparent is a privilege. I truly believe that if we could be grandparents before becoming parents, our children would benefit from our wisdom and what we have learned from our mistakes. If only we could move through this life with quiet observation, with childlike sensitivity, with insatiable curiosity, with holy patience-how better equipped we would be to cherish the magic and promise of each new day. Please take this moment to come look up with me!

"In the eyes of God, we are all brothers and sisters."

Allen S. Kinsella

Bienvenido

Me he dado cuenta de que ser abuelo es un privilegio. Realmente creo que si pudiéramos ser abuelos antes de venir padres, nuestros hijos se beneficiarían de nuestra sabiduría y de lo que hemos aprendido de nuestros errores. Si pudiéramos avanzar por esta vida con una observación tranquila, con sensibilidad infantil, con curiosidad insaciable, con paciencia santa, lo mejor equipado saldríamos de apreciar la magia y la promesa de cada nuevo día. ¡Por favor, tómese este momento para venir a mirar hacia arriba conmigo!

"A los ojos de Dios, todos somos hermanos y hermanas"

Allen S. Kinsella

My dream is that you share this book with your loved ones
and your loved ones will share this book with you.
We should never grow tired of sharing, dreaming
and including all those who desire to be included.

Look up with me
and what do you see?

Mira hacia arriba conmigo
y ¿qué ves?

There is magic in the trees.

Hay magia en los árboles.

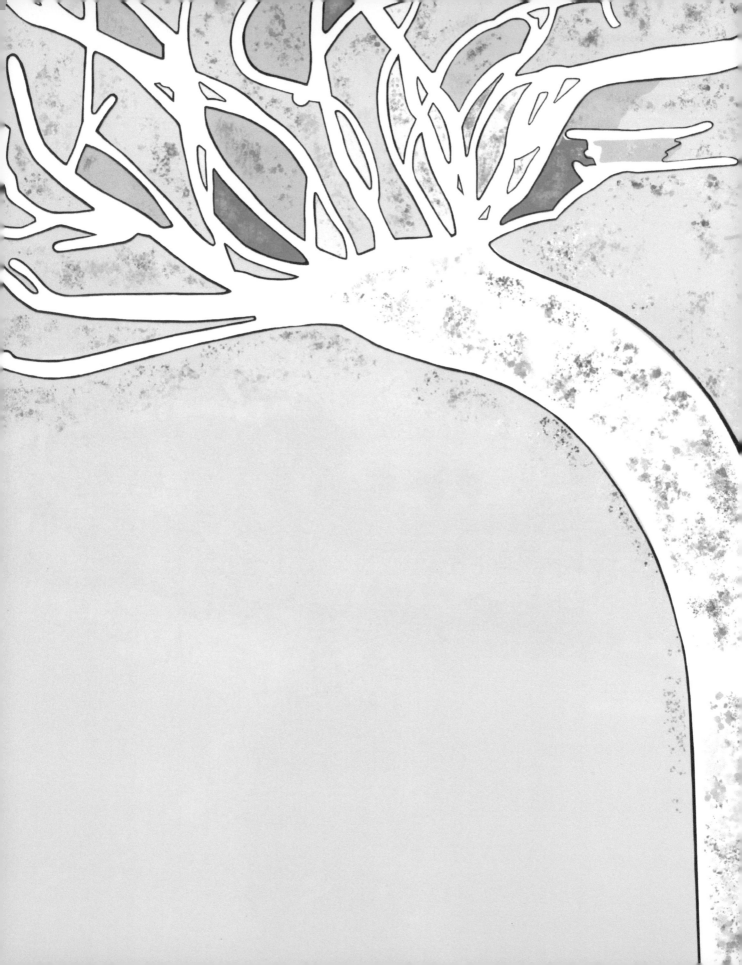

The birches wave to you.

Los abedules te saludan a ti.

The leaves are different shades of green as they wave back and forth saying hello.

Las hojas son de diferentes tonos de verde mientras se mueven hacia adelante y hacia atrás para saludar.

The hummingbirds land
on top of the trees
and stand where they wish.

Los colibríes aterrizan
en la parte superior de los árboles
y están donde desean.

The clouds are constantly moving and don't seem to get tired as they dance to the music of their choosing.

Las nubes se mueven constantemente y no parecen cansarse mientras bailan juntos a la música de su elección.

The sky is so blue
it looks like a robin's egg.

El cielo es tan azul que se
parece a un huevo de un petirrojo.

The sun is
slipping down as
the sky becomes
squirrel gray.

El sol está
cayendo a medida
que el cielo se
vuelve gris ardilla.

Gracefully the sky begins to twinkle
and a great white snowball takes over.

Agraciado el cielo comienza a brillar
y una gran bola de nieva blanca se
hace cargo.

My eyes begin to close.

Mis ojos comienzan a cerrarse.

There is magic in the trees that lives
in its home in the sky.

Hay magia en los árboles que vive
en su hogar en el cielo.

Come look up with me and use your imagination to create your own colorful magic!

¡Ven a mirar hacia arriba y usa tu imaginación para crear tu propia magia colorida!

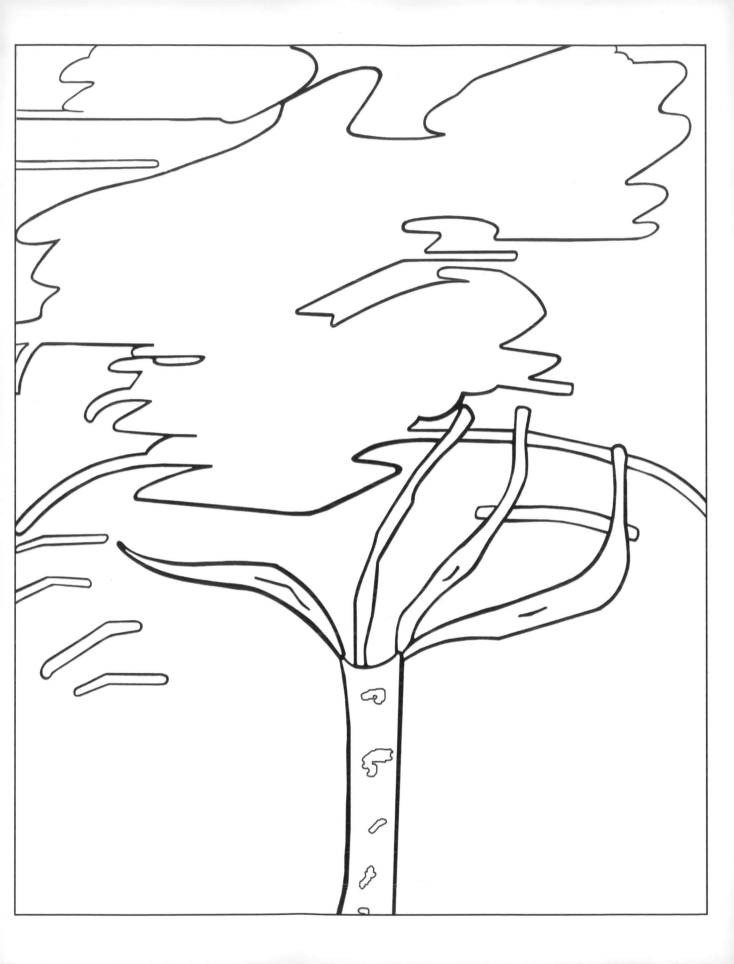

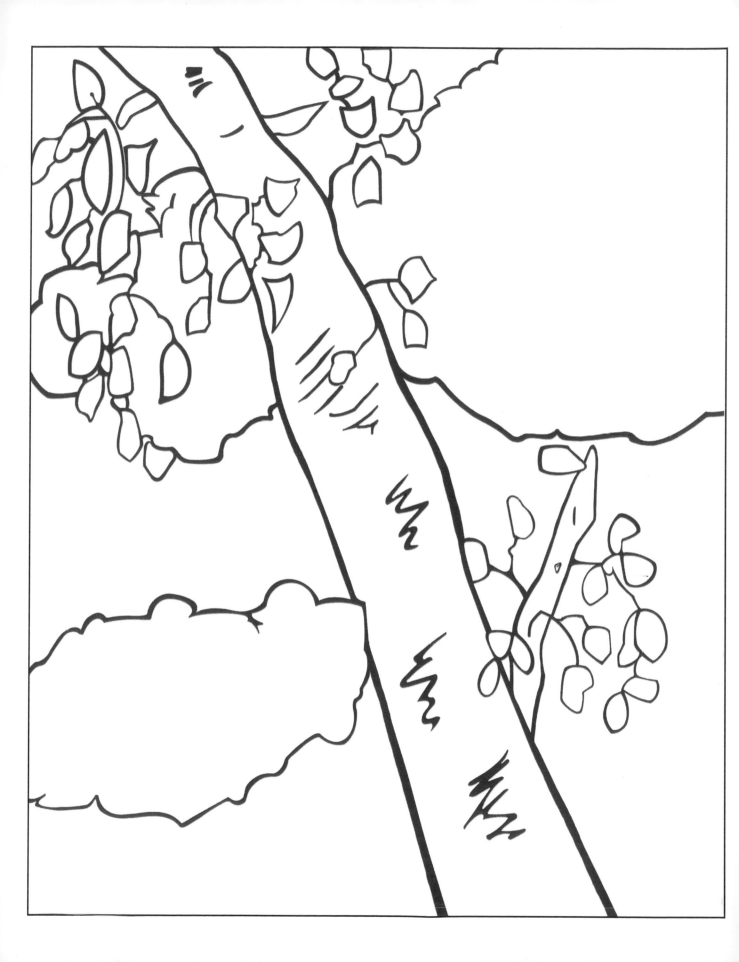

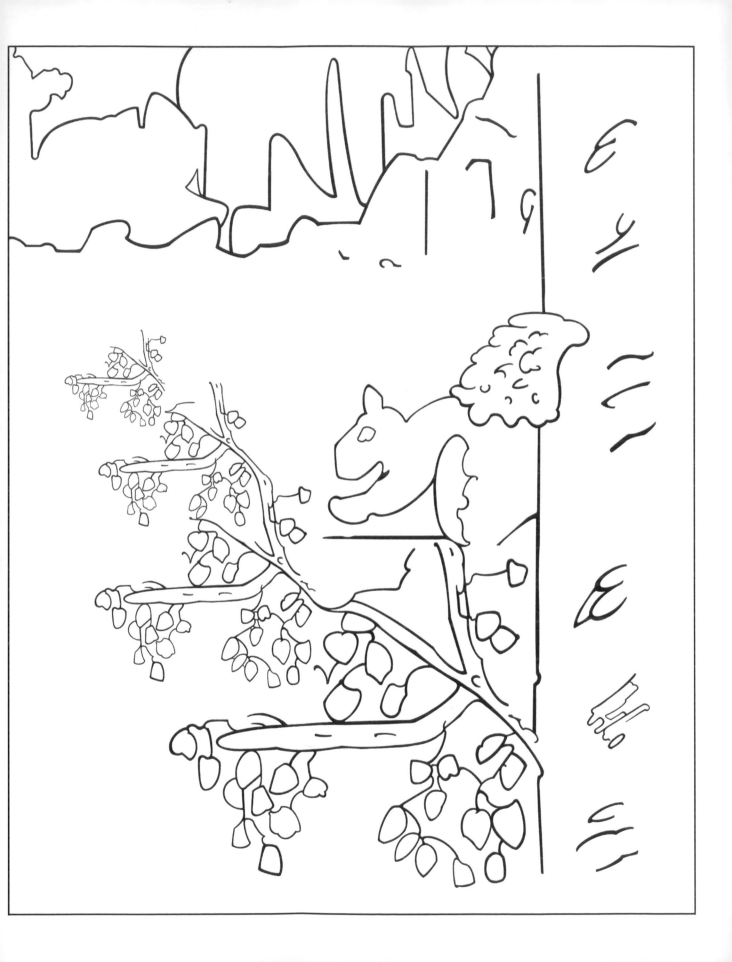